Annette und Natalie Kunkel

Kerzen gestalten

für kirchliche Anlässe

frechverlag

Symbolkerze mit Weinranken (Abbildung auf S. 3)

Diese Symbolkerze können Sie für verschiedene Anlässe wie Taufe, Kommunion, Konfirmation und Hochzeit verwenden.

- Kerze, 500/30 mm
- Wachsplatte in Grün
- Wachszierstreifen in Gold, 2 mm breit

Aus den goldenen Wachszierstreifen wird eine Ranke wie auf der Abbildung rechts gelegt. Die Ranke wird mit fünf großen und drei kleinen Weinblättern, die mithilfe von Schablonen (Vorlagen s. Vorlagenbogen) und einer Nadel aus der grünen Wachsplatte gestochen werden, verziert.

Die Anleitungen für die Kerzen auf Seite 1 finden Sie auf Seite 23.

2888. Neu gestaltete Auflage von TOPP 2755.
Fotos: frechverlag GmbH + Co. Druck KG, 70499 Stuttgart;
Fotostudio Ullrich & Co., Renningen

Dieses Buch enthält:
1 Vorlagenbogen

Auflage: 5. 4. 3. 2. 1. | Letzte Zahlen
Jahr: 2005 2004 2003 2002 2001 | maßgebend

frechverlag GmbH + Co. Druck KG, 70499 Stuttgart

ISBN 3-7724-2888-6 · Best.-Nr. 2888

Druck: frechverlag GmbH + Co. Druck KG, 70499 Stuttgart

Feuer und Licht hat die Menschen durch die Wärme, die Helligkeit und den Glanz, den es ausstrahlt, schon immer fasziniert. Kerzen in verschiedenen Formen und aus verschiedenen Materialien dienten dazu, das Licht immer verfügbar zu haben, wenn man es brauchte. In christlichen Kirchen wurden bereits im 4. nachchristlichen Jahrhundert nachweislich längliche runde Kerzen verwendet. Zunächst dienten Sie nur als Lichtquelle. Später sahen die Christen in der Kerze ein Zeichen des Lichtes, das durch Jesus Christus in die Welt gekommen ist – die Kerze wurde zum Symbol für einen zentralen Glaubensinhalt und spielt dadurch im Leben des christlichen Menschen eine besondere Rolle.

Jedes kirchliche Fest - beginnend mit der Taufe – wird dementsprechend von einer Symbolkerze begleitet. Heute gehört es häufig zur Festvorbereitung dazu die Kerze zu diesem Anlass selbst zu gestalten.

Auch Freunde und Verwandte lassen sich von einem persönlichen selbst gemachten Geschenk gerne überraschen.

Durch die vielen Materialien und Techniken sind der Fantasie für die Kerzengestaltung keine Grenzen gesetzt. Mit Wachsplatten, Wachszierstreifen, dem Kerzen-Pen und in der Serviettentechnik entstehen so Kerzen in verschiedenen Größen und in vielen Formen und Farben. Die Symbole und Dekorationen, die wir Ihnen in diesem Buch zeigen, können Sie dem jeweiligen Fest anpassen.

Wir wünschen Ihnen gelungene Feste in der Kirche und im Kreis der Familie, an die Sie die selbst gestalteten Kerzen erinnern sollen.

Annette Kunkel

Natalie Kunkel

Material

Sie brauchen:
Kerzen, Wachsplatten, Wachszierstreifen, Präzisionsmesser (Cutter), Lineal, Schneideunterlage, Nadel

KERZEN finden Sie im Fachgeschäft in einer großen Formen- und Farbenvielfalt. Bitte achten Sie beim Kauf von Kerzen auf gute Qualität. Hochwertige Kerzen haben eine lange Brenndauer!

WACHSPLATTEN werden im Fachhandel in den Farben Uni, Gold, Silber und mit Folienbeschichtung in Hochglanz metallic angeboten. Sie sind 1 mm dick und 10 cm x 20 cm groß. Dekorative Wachsplatten kann man jedoch auch selbst gestalten (s. Seite 5).

WACHSZIERSTREIFEN gibt es in flacher und runder Ausführung in den Farben Gold und Silber. Sie sind 1 mm – 7 mm breit. Wachszierstreifen können Sie je nach Breite sehr universell einsetzen, z. B. zum Einfassen von Motiven, für die Beschriftung und zum Anfertigen von Symbolen.

Im Fachhandel erhalten Sie zudem eine große Auswahl an fertigen WACHSMOTIVEN und SCHRIFTZÜGEN, mit denen Sie Kerzen gestalten können.

Zum Schneiden der Wachsplatten benötigen Sie ein PRÄZISIONSMESSER (Cutter), ein LINEAL und eine SCHNEIDEUNTERLAGE (ersatzweise eine Pappunterlage). Zum Ausschneiden von besonders filigranen Motiven ist auch eine lange spitze Nadel geeignet.

Für Schriftzüge oder ganz feine Linien können Sie SPEZIALFOLIEN in Gold und Silber verwenden. Mithilfe eines Kugelschreibers werden die Buchstaben und Motive auf das Wachs durchgedrückt.

Für das Übertragen der Motive benötigen Sie Transparentpapier und Tonkarton.

Wachsmotive ausschneiden

Pausen Sie die Vorlagen mit Transparentpapier vom Vorlagenbogen ab. Die Motive werden grob ausgeschnitten und auf beliebigen Tonkarton geklebt. Nun können Sie die Form exakt ausschneiden.

Legen Sie die Tonkarton-Schablone auf die entsprechende Wachsplatte und schneiden Sie diese mit der Nadel oder dem Cutter aus. Bei selbst vergoldeten Platten sollten Sie grundsätzlich nur mit dem Cutter schneiden. Bei geraden Schneidflächen sollten Sie ein Lineal benutzen um exakte Kanten zu erhalten. Das Verzierwachs haftet ohne Hilfsmittel auf der Kerze.

Unsere Tipps!

- Damit das Wachs nicht auf der Unterlage haften bleibt, sollten Sie das Schutzpapier, das jede Wachsplatte hat, erst nach dem Ausschneiden von der Rückseite der Platte entfernen.
- Wachsplatten sollten nicht kühl gelagert werden. Im Arbeitsraum sollte normale Zimmertemperatur vorhanden sein.
- Damit sich die schmalen Wachsstreifen nicht überdehnen, trennen Sie sie zunächst paarweise ab und teilen sie erst dann in einzelne Schnüre.

Beschriften

Im Fachhandel erhalten Sie fertige Wachsbuchstaben, Zahlen und Fertigschriften.

Sie können die gewünschte Aufschrift auch mit 1 mm – 2 mm breiten Zierwachsstreifen formen. Im Fachhandel erhalten Sie außerdem eine spezielle Wachsschreibfolie. Diese legt man auf die Wachsplatte oder auf die Kerze und drückt mit dem Kugelschreiber die Buchstaben durch.

Wachsreste lassen sich gut verarbeiten, indem Sie sie zu Röllchen (Ø ca. 2 mm) formen und dann zu Buchstaben legen. Es sind mittlerweile auch selbstklebende Sticker (Buchstaben und Zahlen) für die Kartengestaltung erhältlich. Damit können Sie auch Kerzen beschriften!

Vergolden von Wachsplatten

Wachsplatten können ganz einfach mit dem so genannten Blattmetall oder Schlagmetall vergoldet werden. Blattmetall gibt es im Fachhandel in verschiedenen Farben, z. B. in Messing, Silber, Kupfer und bunt geflammt. Diese hauchdünnen Metallfolien haften ohne zusätzliche Klebemittel auf dem Wachs. Legen Sie die Metallfolie auf die Wachsplatte und drücken Sie sie mit einem Pinsel oder mit dem Finger an. Verreiben Sie das Blattmetall unter leichtem Druck mit den Fingerkuppen auf der Wachsfläche, bis es ganz glatt aufliegt. Mit einem weichen Tuch oder einem Pinsel werden vorsichtig die Reste (Überlappungen) entfernt und die Fläche wird poliert. Beim Abbrennen schiebt sich die hauchdünne Metallschicht zusammen.

Unsere Tipps!

- Blattmetall-Reststücke können sehr gut zum Gestalten von weiteren Wachsplatten verwendet werden (siehe z. B. blaue Hochzeitskerze, S. 17).

  Nehmen Sie diese Stücke einfach mit einem Pinsel von der Arbeitsfläche auf und tupfen Sie diese auf eine bereit liegende Wachsplatte. Bereits durch ein Überstreichen mit der Fingerkuppe werden die Metallplättchen auf der Wachsplatte fixiert!
- Platten mit einer geschlossenen Metallfläche sollten mit einem Schutzlack auf Wasserbasis vor Oxidation geschützt werden.
- Risse und winzige Lücken in der Blattmetall-Oberfläche fallen nicht auf, wenn Sie als Unterlage im Farbton passende z. B. mattgoldene Wachsplatten verwenden. Sie ersparen sich dadurch auch das Vergolden der Kanten. Solche Unebenheiten können Sie zusätzlich effektvoll hervorheben, indem Sie kontrastfarbige z. B. blaue Wachsplatten verwenden. Die darunter liegende Wachsplatte ist dann auch an den Schnittstellen sichtbar (s. Taufkerze mit Kreuz und Fischen, S. 9).

Dekorationen mit Embossing-Schablonen

Hierfür brauchen Sie:
Embossing-Schablonen, Wachsplatten, Decoratingpaste, Spachtel

Mithilfe von Embossing-Schablonen und so genannter Decoratingpaste können Sie plastische Motive und Bordüren auf Wachs selbst herstellen.

Die Schablonen sind starr und können daher nicht um die Rundung der Kerze gelegt werden. Deshalb fertigt man die Motive auf einer Wachsplatte an und überträgt sie anschließend auf die Kerze.

Arbeiten Sie auf einer harten ebenen Unterlage. Die Schablone wird auf der Wachsplatte positioniert und angedrückt, damit sie haftet.

Streichen Sie mit der Spachtel die Decoratingpaste in verschiedenen Richtungen über die Schablone, bis alle Lücken gefüllt sind. Achten Sie darauf, dass Sie die Masse nicht über den Rand hinaus streichen. Sollte dies einmal der Fall sein, entfernen Sie die Paste sofort mit einem nassen Wattestäbchen. Heben Sie dann ganz vorsichtig die Schablone von der Wachsplatte ab und reinigen Sie sie und die Spachtel sofort mit Seifenwasser und einer Bürste.

Nachdem das Motiv getrocknet ist, kann es mit so genannter Metallwischpaste vergoldet werden. Nehmen Sie dazu mit einem Baumwolltuch etwas Paste auf, tupfen Sie die überschüssige Paste auf einem bereit gelegten Küchenvlies ab und wischen Sie dann ganz vorsichtig über die Oberfläche des Motivs.

Beim Abbrennen bleibt das Motiv aus Decoratingpaste am Kerzenrand stehen. Schneiden Sie die am Rand überstehende Schicht dann einfach ab. Sie erleichtern sich wesentlich die Arbeit, wenn Sie bei aus mehreren Teilen bestehenden Wachsmotiven (z. B. Mandalas) eine Grundplatte zuschneiden, auf der Sie die Einzelteile zusammenfügen können. Das zusammengesetzte Teil wird dann mit der Grundplatte auf der Kerze angebracht. Positionieren Sie das Motiv auf der Kerze und drücken Sie es vorsichtig fest, bis es haftet.

Unsere Tipps!

- Die meisten in diesem Buch gezeigten Motive können Sie für andere Anlässe verwenden. So sind beispielsweise alle Hochzeits-, Silberhochzeits- und Goldhochzeitsmotive beinahe universell einsetzbar: z. B. kann die Goldhochzeitskerze mit Blümchen auch für die junge romantische Braut mit weißen Blümchen auf einer pastellfarbigen Kerze angefertigt werden.
- Für dieses Buch haben wir fast ausschließlich weiße Kerzen verwendet. Die Symbol- und Mandalamotive beispielsweise können Sie jedoch auch für farbige Kerzen benutzen.
- Die Mandala- und Symbolkerzen passen grundsätzlich zu allen Anlässen, da sie neutral in ihrer Aussage sind. Diese Motive können Sie sogar zum Herstellen von Osterkerzen verwenden!
- Sehen Sie unsere abgebildeten Kerzen als Vorschläge und versuchen Sie selbst, Motive für Ihren individuellen Anlass abzuwandeln.

Taufe (Abbildungen auf S. 8/9)

Kerze mit Taufbecken

- Kerze, 200/60 mm
- Wachsplatten in Rot, Blau, Gelb, Grün, Weiß, Orange, Hellblau
- Wachszierstreifen in Silber, 2 mm breit

Schneiden Sie für den Regenbogen 14 cm lange und 4 mm breite Streifen aus den entsprechenden Wachsplatten. Die übrigen Teile werden nach der Vorlage ausgeschnitten und auf der Kerze fixiert. Umranden Sie Taube und Taufbecken mit Wachszierstreifen in Silber. Rollen Sie Reste von einer hellblauen Wachsplatte zu einer Schnur und formen Sie damit das Christus-Monogramm.

Taufkerze mit Wasser

- Kerze, 200/60 mm
- Wachsplatten in Rot, Blau, Gelb, Grün, Lila Weiß, Orange, Silber
- Wachszierstreifen in Silber, 2 mm breit

Der Regenbogen wird genauso wie bei der Kerze mit Taufbecken gearbeitet. Die anderen Teile werden nach Vorlage aus den entsprechenden Wachsplatten ausgeschnitten und auf der Kerze angebracht. Umranden Sie die Taube und den oberen Rand des Taufbeckens mit den Silberstreifen.

(Weiter auf S. 8)

(Fortsetzung von S. 7)

Mandelförmige Kerze mit Kreuz

- Kerze in Mandelform, ca. 30 cm hoch
- Vergoldete Wachsplatten in Bunt und Gold
- Wachszierstreifen in Gold, 2 mm breit
- Buchstaben- und Zahlensticker

Der obere Teil des Kreuzes wird bis zur oberen Kante des Fischs aus einer vergoldeten Wachsplatte geschnitten. Der untere Teil des Kreuzes besteht aus einer bunten Wachsplatte.

Befestigen Sie das Kreuz auf der Kerze. Die Ansatzlinie wird mit einem Zierwachsstreifen, der in Form eines Fisches gelegt wird, verdeckt.

In die Mitte des Kreuzes legen Sie ein Labyrinth aus Zierwachsstreifen.

Taufkerze mit Kreuz und Fischen

- Ovale Kerze, 20 cm hoch
- Vergoldete und blaue Wachsplatten
- Wachszierstreifen in Gold, 2 mm breit
- Buchstaben- und Zahlensticker

Vergolden Sie zunächst die Hälfte einer blauen Wachsplatte. Auf die andere Hälfte tragen Sie Blattmetall auf (s. S. 5).

Schneiden Sie mit der Schablone das Kreuz aus der vergoldeten Fläche aus. Die Fische schneiden Sie aus der blauen Platte zu. Mit goldenen Wachszierstreifen legen Sie Wellen.

Platzieren Sie die Teile wie auf der Abbildung. Rechts und links neben dem Kreuz können Sie Namen und Datum aufbringen.

TOM
1.12.2001
UDO
05.
04.
00

Kommunion

Kommunionskerze mit Fenster und Weinranken

- Kerze, 450/40 mm
- Wachsplatte in Grün
- Wachszierstreifen in Gold, 2 mm breit
- Zierborte in Gold
- Wachsschriftzug „Zur ersten hl. Kommunion“

Legen Sie aus den goldenen Wachszierstreifen den Fensterrahmen und danach eine Ranke. Bestücken Sie diese mit sechs Weinblättern, die mithilfe von Nadel und Schablonen aus der grünen Wachsplatte gestochen werden. Zuletzt werden die Zierborte und der Schriftzug angebracht.

Kommunionskerze mit Weintrauben

- Kerze, 450/40 mm
- Wachsplatten in Gold, Hell- und Dunkelblau
- Wachszierstreifen in Gold, 2 mm breit
- Wachszierteil „Weizenähren“
- Wachsschriftzug „Zur Heiligen Kommunion“
- Zahlensticker

Zuerst wird der Buchstabe P, der aus zwei Teilen besteht, aus einer hellblauen Wachsplatte geschnitten, auf der Kerze platziert und mit Goldstreifen eingefasst.

Rollen Sie aus dunkelblauen Wachsplattenresten kleine Kügelchen (Ø ca. 4 mm) und bringen Sie diese in Form einer Traube auf der Kerze an. Positionieren Sie die mit einer Schablone angefertigten Weinblätter und das Wachszierteil mit den Weizenähren. Die Halme der Weizenähren werden mit Zierstreifen gelegt.

Beschriften Sie die Kerze nach Wunsch. Der Name „Nina" wurde mit einer aus Wachsplattenresten gerollten Schnur (2 mm dick) gelegt.

Ovale Kommunionskerze mit Kelch

- Ovale Kerze, 20 cm hoch
- Wachsplatten in Blau, Grün, Gelb, Gold
- Wachszierstreifen in Gold, 2 mm breit
- Wachsschriftzug „Zur Heiligen Kommunion"

Schneiden Sie aus der goldenen Wachsplatte eine Grundplatte (7,5 cm x 10 cm) zu. Diese wird mit verschiedenfarbigen Streifen nach der Vorlage belegt. Fertigen Sie den goldenen Kelch und die gelbe Hostie an und legen Sie sie wie auf dem Foto auf die Platte. Die Stoßkanten

(Weiter auf Seite 12)

(Fortsetzung von S. 11)

werden mit goldenen Zierwachsstreifen verdeckt und die Strahlen werden an der Hostie angebracht. Zwei Ecken werden mit goldenen Dreiecken belegt.
Jetzt können Sie das fertige Motiv auf der Kerze positionieren. Umranden Sie das gesamte Motiv mit Goldstreifen. Die Kerze kann nach Wunsch beschriftet werden.

Kommunionskerze mit Embossingmotiv

(Abbildung auf S. 10/11)

- Kerze, 250/60 mm
- Wachsplatte in beliebiger Farbe
- Embossingschablone „Religiöses Symbol"
- Decoratingpaste
- Wischgold
- Wachszierstreifen in Gold, 2 mm breit
- Wachsschriftzug „Zur ersten hl. Kommunion"

Tragen Sie das Motiv mithilfe der Embossingschablone auf eine Wachsplatte auf und vergolden Sie das Motiv (s. Anleitung S. 6/7).

Die Wachsplatte wird in Form des inneren Bogens zugeschnitten. Dazu markieren Sie in 2,5 cm Abstand zum inneren Bogen in kurzen Abständen Punkte, die Sie zu einer Linie verbinden. Legen Sie dann das Motiv auf die Kerze und drücken Sie es an, bis es haftet. An der unteren Kante schneiden Sie die Wachsplatte 1,5 cm unterhalb des Motivs ab. Rahmen Sie den Rand mit den goldenen Wachsstreifen ein und bringen Sie die Beschriftung auf.

Kommunionskerze mit blauem Kreuz

(Abbildung auf S. 10/11)

- Kerze, 450/40 mm
- Wachsplatte in Blau, Gold, Gelb
- Wachszierstreifen in Gold, 2 mm breit
- Wachsschriftzug „Zur ersten hl. Kommunion"

Das Kreuz wird nach der Schablone aus einer blauen Wachsplatte zugeschnitten und auf der Kerze befestigt. Danach fertigen Sie Kelch und Hostie an und platzieren diese beiden Motive auf dem Kreuz.

Umranden Sie das Kreuz mit Wachszierstreifen. Zuletzt legen Sie Goldzierstreifen als Rahmen wie auf dem Foto um das gesamte Motiv. Unterhalb des Motivs wird der Wachsschriftzug angebracht.

Konfirmation

Konfirmationskerze mit Regenbogen

- Kerze, 450/60 mm
- Wachsplatten in Rot, Blau, Grün, Gelb, Orange, Flieder
- Wachsteil „P" in Gold
- Wachsteil „Gebetbuch"
- Buchstabensticker

Für den Regenbogen

schneiden Sie aus jeder farbigen Wachsplatte einen 14 cm langen und 4 mm breiten Streifen zu. Befestigen Sie diese wie auf dem Foto auf der Kerze. Nun werden das goldene „P" und das Gebetbuch wie auf dem Foto angebracht. Beschriften Sie die Kerze nach Wunsch.

Konfirmationskerze mit blauer Wachsplatte

- Kerze, 300/60 mm
- Wachsplatte in beliebiger Farbe
- Embossingschablone „Traubendolde"
- Decoratingpaste
- Wischgold
- Wachszierstreifen in Gold, 2 mm breit

Übertragen Sie die Weintraube mithilfe der Embossingschablone und Decoratingpaste (s. Anleitung S. 6) auf eine 8 cm breite und 15 cm lange blaue Wachsplatte. Nachdem das Motiv getrocknet ist, wird es nach der Anleitung auf S. 6/7 vergoldet. Danach legen Sie aus je zwei 7,5 cm und 5 cm langen goldenen Wachsstreifen ein Kreuz. Jetzt kann

(Weiter auf S. 14)

(Fortsetzung von S. 13)

die fertige Platte auf die Kerze aufgebracht werden.

Konfirmationskerze mit blauem Kreuz und Fischsymbol
(Abbildung auf S. 12/13)
- Rechteckige Kerze, ca. 25 cm hoch
- Reliefwachsplatte in Weiß-Gold
- Wachsplatte in Blau
- Wachszierstreifen in Gold, 2 mm breit
- Buchstabensticker

Die Motive werden nach Vorlage aus der Reliefwachsplatte geschnitten und auf der Kerze befestigt. Für das Kreuz schneiden Sie 4 mm breite Streifen aus der blauen Wachsplatte (2 x 5 cm lang, 1 x 3 cm lang) und bringen sie wie auf dem Foto an. Rechts oberhalb des Motivs wird aus Goldstreifen ein Fisch gelegt. Beschriften Sie die Kerze nach Wunsch.

Konfirmationskerze mit Kelch, Kreuz und Welle
(Abbildung auf S. 12/13)
- Kerze, 250/60 mm
- Wachsplatte in Buntmetallic
- Wachszierstreifen in Gold, 2 mm breit
- Wachszierteil „Kelch"
- Buchstaben- und Zahlensticker

Zuerst wird die Welle aus der Wachsplatte ausgeschnitten und diagonal auf der Kerze angebracht. Das Motiv wird mit Goldstreifen umrandet. Rechts oberhalb des Motivs legen Sie wie auf dem Foto zwei Goldstreifen.

Für das Kreuz schneiden Sie aus Wachszierstreifen zwei 5 cm lange und drei 8 cm lange Stücke zurecht. Bringen Sie die Streifen wie auf dem Foto an, platzieren Sie den Kelch und beschriften Sie die Kerze nach Wunsch.

Yin-Yang-Kerze

Yin und Yang bezeichnen zwei Gegenstücke, die sich ergänzen und eine Einheit bilden. Sie stammen aus dem Gedankengut der chinesischen Mythologie. Yin verkörpert das weibliche, Yang das männliche Element. Bei uns in Europa wird dieses Zeichen auch als Liebessymbol verwendet.

Diese Kerze besteht aus zwei Teilen: Wenn Sie die Kerze von oben anschauen, erkennen Sie die geschwungene Yin-Yang-Linie. Sie wird wegen ihrer Liebessymbolik besonders gerne für Hochzeiten verwendet.

- Yin-Yang-Kerze, ca. 30 cm hoch
- Vergoldete Wachsplatten in Gold uni und Gold geflammt
- Wachsplatte in Gold
- Wachszierstreifen in Gold, 2 mm breit
- Wachsfertigteil „Eheringe" in Gold
- Buchstaben- und Zahlensticker

Fertigen Sie nach der Vorlage ein geradliniges Kreuz als Grundplatte an. Aus einer unifarben und einer geflammt vergoldeten Wachsplatte (s. Anleitung S. 5) werden 1,5 cm breite und 3 cm lange Streifen geschnitten. Belegen Sie das Kreuz von der Mitte des Querbalkens beginnend abwechselnd mit den goldenen und den geflammten Wachsstücken. Achten Sie darauf, dass die Streifen exakt aneinanderstoßen. Legen Sie die Schablone für das Kreuz mit wellenförmigen Rändern auf das fertig belegte Kreuz und schneiden Sie es mit dem Cutter aus. Jetzt können Sie die Stoßritzen mit goldenen Wachsstreifen verzieren.

Positionieren Sie das Kreuz auf dem größeren

Kerzenteil und drücken Sie das Wachs mit der Fingerkuppe am Rand entlang etwas flach.

Fertigen Sie die Wachsteile für das zweite kleinere Kerzenteil auf die gleiche Weise an und fixieren Sie es auf der Kerze. Platzieren Sie die Wachseheringe und beschriften Sie diese außergewöhnliche Hochzeitskerze.

Hochzeitskerze mit Blümchen

- Kerze, 300/60 mm
- Wachsplatten in Orange, Gelb, Blau

Die Blütenblätter werden nach der Vorlage aus den farbigen Wachsplatten geschnitten und der Abbildung entsprechend auf der Kerze befestigt. Pro Blüte benötigen Sie sechs Blütenblätter. Die Blütenstempel bestehen aus Kügelchen, die aus Wachsresten gerollt, auf die Blütenmitte gelegt und etwas flach gedrückt werden. Die Namen werden aus einer aus Wachsplattenresten gerollten Schnur (Ø ca. 2 mm) angefertigt.

Doppelkerze mit Herz

- Doppelkerze, ca. 40 cm hoch
- Wachsplatte in Buntmetallic
- Wachszierstreifen in Gold, 2 mm und 3 mm breit
- Wachsfertigteil „Eheringe" in Gold

- Buchstaben- und Zahlensticker

Schneiden Sie die beiden Wellenformen nach der Vorlage aus der Wachsplatte. Die Teile werden wie auf dem Foto platziert und mit Wachszierstreifen (2 mm breit) eingefasst. Legen Sie mit den 3 mm breiten Wachszierstreifen ein Herz als Verbindung über beide Kerzen und bringen Sie die Eheringe aus Wachs sowie die gewünschte Beschriftung auf.

Hochzeitskerze mit Halbringen

- Kerze, 250/60 mm
- Wachsplatte, grüngoldgemustert
- Wachszierstreifen in Gold, 2 mm und 3 mm breit
- Wachsfertigteil „Eheringe" in Gold
- Buchstabensticker

(Weiter auf S. 18)

(Fortsetzung von S. 17)
Aus der bunten Wachsplatte werden die beiden Halbringe geschnitten. Positionieren Sie diese wie auf dem Foto auf der Kerze und rahmen Sie sie mit Goldzierstreifen (2 mm breit) ein. Bringen Sie die Wachseheringe und die Beschriftung an und legen Sie zwei Goldstreifen (3 mm breit) quer über das gesamte Motiv.

Blaue Hochzeitskerze

(Abbildung Seite 17)

- Kerze, 300/60 mm
- Wachsplatten in Blau und Gold
- Wachszierstreifen in Gold, 2 mm und 4 mm breit
- Wachsfertigteil „Eheringe" in Gold
- Blattmetallreste in Gold

Schneiden Sie die beiden Hintergrundteile aus einer blauen, mit Blattmetallresten leicht vergoldeten Wachsplatte (s. Anleitung S. 6) und fixieren Sie sie auf der Kerze. Die beiden Teile werden mit Goldstreifen (2 mm) eingefasst. Platzieren Sie den goldenen Kreis und bringen Sie darauf die Eheringe an. Das Kreuz wird aus zwei 4 mm breiten Goldstreifen (jeweils 15 cm und 7 cm lang) angefertigt und wie auf dem Foto befestigt.

Silberhochzeit

Silberhochzeitskerze mit Dreieckspaaren

- Kerze, 200/60 mm
- Wachsplatten in Buntmetallic und Flieder
- Wachszierstreifen in Silber, 2 mm und 3 mm breit
- Wachsfertigteil „Eheringe" in Silber

Schneiden Sie jeweils zwei Dreiecke aus der bunten und aus der fliederfarbenen Wachsplatte zu. Alle Dreiecke werden wie auf dem Foto positioniert und teilweise mit Silberstreifen eingefasst. Legen Sie 3 mm breite Zierstreifen in einer Zickzacklinie, platzieren Sie die Wachseheringe und beschriften Sie die Kerze nach Wunsch.

Silberhochzeitskerze mit Kreis

- Kerze, 200/60 mm
- Wachsplatten in Silber und bunt
- Wachszierstreifen in Silber, 1 mm und 2 mm breit
- Wachsfertigteil „Eheringe" in Silber

Aus einer silbernen Wachsplatte wird zunächst mithilfe einer Schablone der Kreis geschnitten und dann auf der Kerze platziert. Der Streifen wird aus der bunten Wachsplatte geschnitten, auf dem Kreis wie auf dem Foto befestigt und mit Silberstreifen (2 mm breit) eingefasst. Danach legen Sie wellenförmig wie auf dem Foto 1

mm breite Wachszierstreifen auf die Kerze. Bringen Sie die Wachseheringe an.

Dreieck-Doppelkerze

- Doppelkerze in Dreiecksform, ca. 30 cm hoch
- Wachsplatten in Buntmetallic
- Wachszierstreifen in Silber, 2 mm breit
- Wachsschrift „Zur silbernen Hochzeit" in Silber

Schneiden Sie die Dreiecke nach Vorlage aus der buntmetallicfarbenen Wachsplatte und platzieren Sie sie wie auf dem Foto auf der Kerze. Die Dreiecke werden mit Zierstreifen eingefasst. Auf die linke Kerze legen Sie zwei Zierstreifen. Bringen Sie zuletzt die Wachsschrift an.

Goldhochzeit

Goldhochzeitskerze mit Halbkreisen

- Tropfenförmige Doppelkerze, ca. 30 cm hoch
- Vergoldete Wachsplatten
- Wachszierstreifen in Gold, 4 mm breit
- Wachsfertigteile „50“ und „Eheringe“ in Gold
- Buchstaben- und Zahlensticker

Ritzen Sie die Mittellinie der Kerze mithilfe eines Lineals und einer Nadel ein. An diese Linie werden zwei je 20 cm lange Goldstreifen mit schräg angeschnittenen Enden für die Längsbalken des Kreuzes gelegt. Platzieren Sie rechts und links davon die aus einer vergoldeten Wachsplatte (s. Anleitung S. 5) ausgeschnittenen Halbkreise und fassen Sie diese mit Goldstreifen ein. Zwei je 12 cm lange Goldstreifen, deren Enden schräg angeschnitten werden, werden als Querbalken fixiert. Bringen Sie die Eheringe und die Beschriftung an.

Goldhochzeitskerze mit Stickermotiven

- Kerze, 200/50 mm
- Zierteile wie Bordüren, Buchstaben, Zahlen, Eheringe, Ecken in Gold

Befestigen Sie die Ziersticker wie auf dem Foto auf der Kerze.

Goldhochzeitskerze mit Blumen

- Kerze, spitzoval, ca. 25 cm hoch, 20 cm breit
- Wachsplatten in Gold und Grün
- Wachszierstreifen in Gold, 3 mm breit

- Wachsschrift „Zur goldenen Hochzeit“ in Gold
- Wachsfertigteil „Eheringe“ in Gold

Positionieren Sie zuerst die fünf ca. 15 cm und 10 cm langen Goldstreifen wie auf dem Foto und schneiden Sie sie schräg an. Aus der vergoldeten Wachsplatte werden für eine Blüte je fünf große und fünf kleine Blütenblätter zugeschnitten. Befestigen Sie zuerst die großen und darüber versetzt die kleineren Blütenblätter. Die Blütenstempel sind kleine gerollte Kügelchen aus Wachsplattenresten. Sie werden auf der Blütenmitte befestigt und etwas flach gedrückt. Die Blätter werden mit den gleichen Schablonen aus einer grünen Wachsplatte gefertigt und auf der Kerze platziert. Sie können mit etwas Wischgold versehen werden. Bringen Sie den Schriftzug und die Eheringe an.

Diamanthochzeit

- Kerze, 300/70 mm
- Wachsfertigteile „Eheringe“, „Kranz“, „60“, „Ranken“ in Gold
- 6 Strasssteine, Ø ca. 3 mm
- Buchstaben- und Zahlensticker

Positionieren Sie zuerst den Wachskranz auf der Kerze und bestücken Sie ihn mit Strasssteinen.

Die Zierteile werden wie auf dem Foto auf der Kerze befestigt.

Zuletzt bringen Sie die gewünschte Beschriftung an.

Auch mit weltlichen Symbolen wie Lebensbaum, Sonnenaufgang, Sonnenblume, Regenbogen und Labyrinth können Sie Kerzen zu allen Anlässen gestalten. Diese Art der Gestaltung ist besonders bei jungen Leuten und bei Kindern beliebt. Aber auch traditionelle christliche Symbole wie z. B. das PAX, der Fisch und das Kreuz können Sie universell verwenden. Alle Kerzen auf Seite 1 und den nächsten beiden Seiten eignen sich auch für Osterkerzen!

Symbolkerze mit Auge

(Abbildung S. 1)

- Kerze, 200/60 mm
- Wachsplatten in Gold-Schwarz marmoriert, Blau, Silber

Fertigen Sie mithilfe von Schablonen die einzelnen Teile aus den jeweiligen farbigen Wachsplatten an. Positionieren Sie die goldene und die blaue Raute auf der Kerze. Auf die blaue Raute wird mit Goldstreifen (ca. 2 mm breit) nach der Schablone ein Kreuz gelegt. Das Dreieck und das Auge werden oben auf der Kerze platziert. Vom Dreieck ausgehend legen Sie drei Goldstreifen (ca. 2 mm breit) als Strahlen über das Motiv. Zuletzt verzieren Sie die Kerze mit den kleinen Quadraten.

Symbolkerze mit Kreuz und Labyrinth

(Abbildung S. 1)

- Kerze, 200/60 mm
- Wachsplatte in Blau, Gold, Bunt und in einer beliebigen Farbe
- Wachszierstreifen in Gold, 2 mm breit

Aus der blauen Wachsplatte schneiden Sie mithilfe einer Schablone einen Kreis als Grundplatte zu. Fertigen Sie das Kreuz aus der bunten Wachsplatte und platzieren Sie es auf der Grundplatte. Auf der Mitte des Kreuzes wird ein goldener Kreis befestigt, auf dem Sie mit Zierstreifen ein schneckenförmiges Labyrinth legen.

Fassen Sie das Kreuz und den inneren Kreis mit Zierstreifen ein. Positionieren Sie das Motiv auf der Kerze und fassen Sie es mit Zierstreifen ein.

Symbolkerze mit Sonnenaufgang

(Abbildung S. 24)

- Ovale Kerze, 20 cm hoch
- Wachsplatten in Rot, Orange, Gelb, Blau, Hellblau
- Wachszierstreifen in Gold, 2 mm breit

Zuerst fertigen Sie aus den entsprechenden farbigen Wachsplatten die Einzelteile an. Die hellblauen Wellen werden auf dem blauen Meer verteilt. Die Sonne besteht aus einem gelben, orangefarbenen und einem roten Kreis, die in dieser Reihenfolge wie auf dem Foto auf der Kerze platziert werden. Das geschwungene Kreuz wird aus Wachszierstreifen gelegt.

Symbolkerze mit Regenbogen

(Abbildung S. 24)

- Kerze, 200/60 mm
- Wachsplatten in Blau marmoriert, Rot, Blau, Grün, Gelb, Orange, Flieder
- Wachszierstreifen in Gold, 2 mm breit

Der Erdkreis wird mithilfe einer Schablone aus der marmorierten Wachsplatte geschnitten und auf der Kerze angebracht. Für den Regenbogen werden 11 cm lange und 4 mm breite bunte Streifen nebeneinander wie auf dem Foto platziert. Das Kreuz wird aus jeweils zwei 13 cm und 6 cm langen Wachszierstreifen gelegt.

Symbolkerze mit Lebensbaum und Sonne

- Runde Kerze, Ø 16 cm
- Wachsplatten in Braun, Grün, Gelb
- Wachszierstreifen in Gold, 2 mm breit
- Buchstabensticker

Teilen Sie die Kerze in der Mitte mit zwei goldenen Wachszierstreifen. Der Lebensbaum, der aus einem 2,5 cm breiten und 16 cm langen braunen Wachsstreifen besteht, wird für die Äste an der einen Seite bis zur Hälfte fünfmal eingeschnitten. Die andere Schmalseite wird für die Wurzel sechsmal ca. 2 cm tief eingeschnitten. Bringen Sie den Baum entlang der Goldlinie auf der Kerze an und fächern Sie dabei die Äste und Wurzeln auf. Einzelne Äste und Wurzeln können dabei

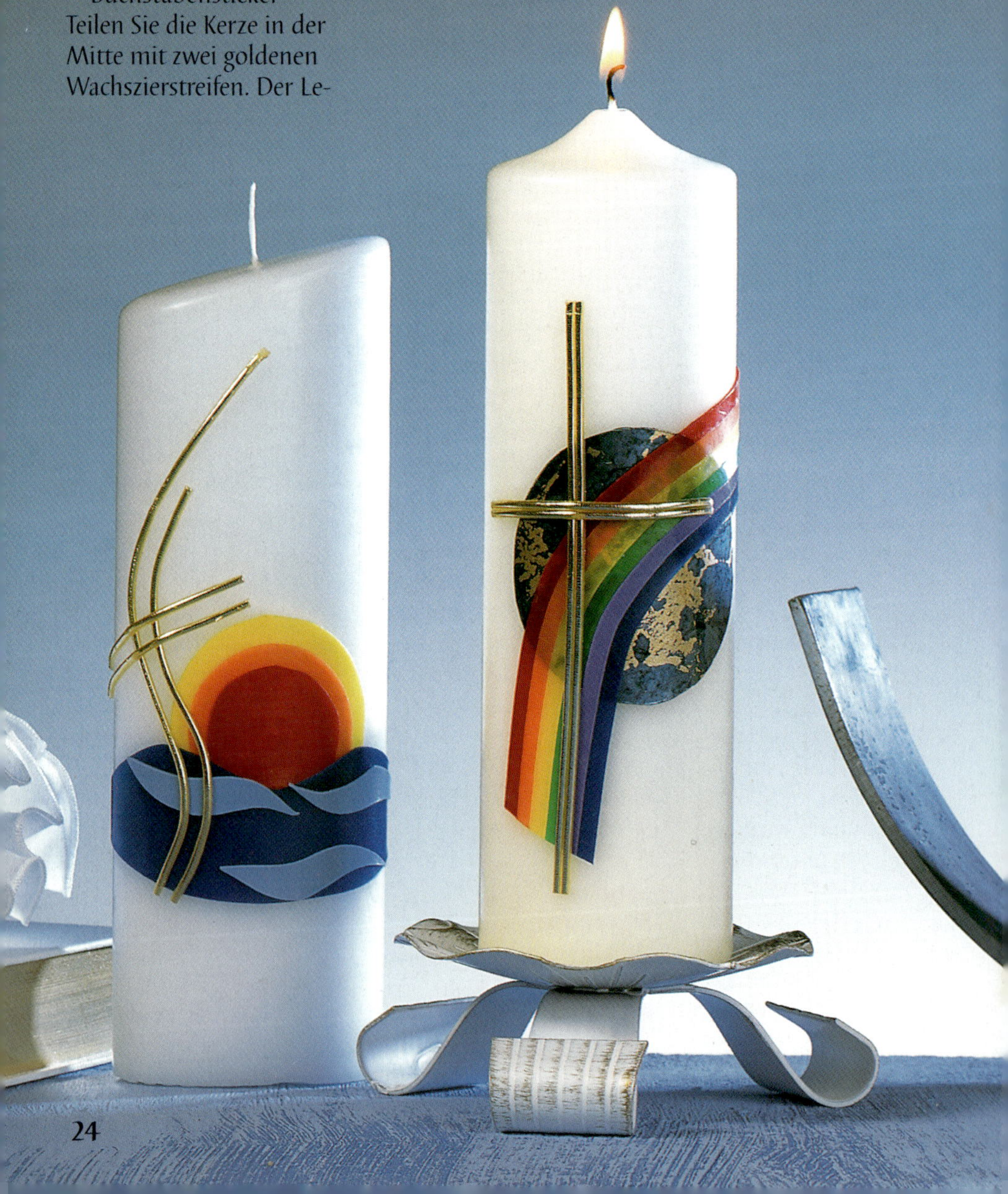

nochmals eingeschnitten werden. Schneiden Sie 13 Blätter aus und verteilen Sie sie auf den Ästen. Die Sonne wird mithilfe von Schablonen aus der gelben Wachsplatte angefertigt und auf der rechten Seite der Kerze positioniert. Die Sonnenstrahlen bestehen aus 4 mm breiten Streifen, die in unterschiedlichen Längen an dem Sonnenkreis befestigt werden. Unterhalb der Sonne können Sie die Beschriftung anbringen.

Symbolkerze mit Sonnenblume

- Kerze, 200/60 mm
- Wachsplatten in Gelb, Grün, Braun

Mithilfe von Schablonen werden aus der gelben Wachsplatte sieben große und sieben kleine Blütenblätter geschnitten. Die großen Blütenblätter und darüber versetzt die kleinen Blütenblätter werden auf der Kerze platziert. Die braune Blütenmitte wird auf den Blütenblättern befestigt. Bringen Sie zuletzt den grünen Stiel (10 cm x 1 cm) und die beiden Blätter an.

Mandalas gibt es schon seit vielen Jahrhunderten in ganz unterschiedlichen Kulturen. Auch von Christen werden diese meistens runden Muster immer öfter als Symbol verwendet. Mandala bedeutet Kreis oder Bogen. Diese Motive können Sie für alle Anlässe verwenden!

Die Formen haben verschiedene Bedeutungen:

- Der Kreis ist Symbol für die Schöpfung und dadurch für Gott. Er hat weder Anfang noch Ende, ist in sich geschlossen und steht für die Ganzheit.
- Das Quadrat ist das Zeichen für Verlässlichkeit und Sicherheit.
- Das Dreieck mit der Spitze nach oben steht für den Aufstieg zum Himmel und für Feuer. Wenn es auf der Spitze steht, ist es ein Symbol für Gnade und für Wasser.
- Das Oval wird oft als Auge gesehen und mit Wissen und Herrschen in Verbindung gebracht.

Für alle Mandalakerzen schneiden Sie eine Grundplatte in der Umrissform zu. Die Musterteile können Sie auch in mehreren Lagen übereinander legen. Zuletzt können Sie die Teile nach Belieben mit Wachszierstreifen in Gold (2 mm breit) einfassen.

Unser Tipp!

Sämtliche Mandalamotive können auch mit dem Kerzen-Pen aufgemalt werden (s. S. 30/31).

Kerzengestaltung mit Serviettentechnik

Mit der Serviettentechnik entstehen sehr schnell geschmackvoll dekorierte Kerzen. Sie benötigen dafür neben einer Kerze Motivservietten, ein so genanntes Kerzenmalmedium und einen Pinsel.

Schneiden Sie das gewünschte Motiv aus einer bedruckten Papierserviette aus. Lösen Sie die oberste Schicht der Serviette ab und positionieren Sie das Motiv auf der Kerze. Heben Sie das Motiv etwas an und streichen Sie mit dem Pinsel dünn Kerzenmalmedium auf die Kerze. Drücken Sie das Serviettenmotiv an und überstreichen Sie es anschließend vorsichtig von innen nach außen mit dem Ker-

zenmalmedium, damit sich keine Falten bilden. Mit einem nassen Wattestäbchen können Sie das Malmedium außerhalb des Motivrands entfernen.

Unsere Tipps!

- Im Handel gibt es eine große Auswahl an Zierstickern zu allen Anlässen (Buchstaben, Zahlen, Symbole, Schriftzüge, Zierborden). Diese selbstklebenden Sticker eignen sich sehr gut zum Kerzen gestalten und können mit den aufgebrachten Serviettenmotiven kombiniert werden.
- ACHTUNG: Die Servietten- und Stickermotive sind brennbar. Schneiden Sie daher die am Rand überstehenden Motive immer ab und lassen Sie die Kerzen nicht unbeaufsichtigt brennen.

Kerzengestaltung mit dem Kerzen-Pen

Der Kerzen-Pen enthält flüssiges Wachs zum Bemalen von Kerzen. Die Farbe besteht aus Wasser und Wachs und ist somit ungiftig, wenn sie abbrennt. Pausen Sie das entsprechende Motiv mit Transparentpapier vom Vorlagenbogen ab. Mithilfe einer Wachsschreibfolie (in Gold oder Silber erhältlich), die unter dem Transparentpapier auf die Kerze gelegt wird, können Sie das Motiv, das mit einem Kugelschreiber nachgefahren wird, auf die Kerze übertragen. Eine weitere Möglichkeit die Vorlage auf die Kerze zu übertragen ist das Durchdrücken der Kontur mit einer Nadel durch das Transparentpapier.

Mit einem weichen Pinsel können Sie nun mit der Kerzenmalfarbe die Motive auf der Kerze ausmalen.

Kerze mit Sonnenaufgang

- Kerze, 200/60 mm
- Kerzen-Pen in Rot, Orange, Gelb, Grün, Blau

Übertragen Sie die Konturen möglichst mit einer Nadel (s. links) und malen Sie das Motiv mit Farbverläufen wie auf dem Foto aus.

Rechteckige Kerze mit Lebensweg

- Rechteckige Kerze, 25 cm hoch
- Kerzen-Pen in Silber, Gelb, Blau, Grün
- Harter Pinsel oder Schablonierpinsel
- Metallfeder Nr. 3
- Wachszierstreifen in Silber, 3 mm breit

Mithilfe der Wachsschreibfolie wird das Motiv auf die Breitseite der Kerze übertragen (s. links). Stupfen Sie die Farben mit einem harten Pinsel auf die Kerze. Die Konturen werden mit der silbernen Farbe nachgezogen. Setzen Sie dazu eine Metallfeder (Nr. 3) auf die Düse und malen Sie direkt aus der Tube. Alternativ können Sie für die Konturen auch silberne Wachszierstreifen benutzen. Das Kreuz wird aus zwei Silberstreifen gelegt (3 cm und 5 cm lang).

Kerze mit P und Kreuz

- Kerze, 200/60 mm
- Kerzen-Pen in Violett und Blau
- Wachszierstreifen in Gold, 2 mm breit

Übertragen Sie die Motive wie links beschrieben mit der Wachsschreibfolie und malen Sie es in Farbverläufen in Violett- und Blautönen aus. Zuletzt werden das P und das Kreuz mit Goldzierstreifen umrandet.

Zum Gedenken (Abbildungen S. 32)

Gedenkkerzen werden zu Hause oder am Grab zum Gedenken an den Verstorbenen aufgestellt und angezündet.
Eine besonders liebevolle Geste ist eine selbst gestaltete Kerze als Kondolenzbeigabe.

Gedenkkerze mit Weizenähren

- Kerze, 300/60 mm
- Wachsplatten in Dunkelbraun und Gold-Schwarz krakeliert
- Wachszierstreifen in Gold und Silber, 2 mm breit
- Wachszierteil „Weizenähren"
- Buchstaben- und Zahlensticker

Fertigen Sie das Kreuz aus einer gold-schwarzen Wachsplatte an. An den Enden wird es wie auf (Weiter auf S. 32)

BIBEL
BIBEL

(Fortsetzung von S. 30)

dem Foto mit dunkelbraunen Motiven belegt. Befestigen Sie das Kreuz auf der Kerze und fassen Sie es mit silbernen Wachszierstreifen ein. Aus Goldstreifen werden Halme für die Weizenähren gelegt. Bringen Sie die Weizenähren nach unten hängend an und beschriften Sie die Kerze nach Wunsch.

Gedenkkerze mit Sonnenaufgang

- Kerze, 300/60 mm
- Wachsplatten in Silber und Schwarz
- Wachszierstreifen in Silber, 2 mm und 4 mm breit

Schneiden Sie je ein Kreuz aus einer silbernen und aus einer schwarzen Wachsplatte aus. Die beiden Kreuze werden wie auf dem Foto versetzt übereinander auf der Kerze befestigt. Rahmen Sie das Motiv rechts und unten mit silbernen Wachszierstreifen (4 mm breit) ein. Für die Sonne schneiden Sie aus einer silbernen Wachsplatte einen Viertelkreis aus (s. Vorlage) und platzieren ihn in der unteren Ecke rechts. Von der Sonne ausgehend legen Sie Strahlen, die jeweils aus zwei nebeneinandergelegten 2 mm breiten silbernen Wachszierstreifen bestehen, über das gesamte Motiv.